# Emotionen

## Leidenschaft und Liebe

Weil viele Menschen mir mehr bedeuten als Ihnen klar ist.

Ohne euch würde dieses Buch nicht existieren.

Herstellung und Verlag:
BoD - Books on Demand, Norderstedt
ISBN 978-3-7357-4056-4

## Mondschein:

Funkelnde Sterne
Leuchten droben in der ferne,
Nur mitten in der Nacht
Ihr Glanz so fahl, so sacht.

Ruhe, gar Geborgenheit, ihr Schein
Wirkt so hell, so rein.
Langsam breitet's sich aus,
Zieht von Haus zu Haus.

Legt ihnen auf, den Mantel des Schweigens,
Beleuchtet durch der Sterne Reigen.
Von allen unentdeckt,
Er das ganze Land bedeckt.

Er ist leise, gar still
Man auch nichts von ihm hören will.
Des Nachts ist er immerdar,
So schützt uns immer vor Gefahr

In seinem sachten Schein,
Er gedenkt, so müsse das sein,
Schlafen alle, der Seelenruh, ganz sacht ein.

## Nebelschwaden:

Sieh ziehn über die Lande,

Durchbrechen alle Bande

Winden sich Würmern gleich,

Sind trüb und geisterbleich.


Bedecken die Berge wie ein Schleier,

Wachsam, lauernd wie ein Geier.

Durchzieht das Tal,

Das Mondlicht scheint fahl

Durchdringt nicht den milchigen Faden.


Deutlich seh ich's vor meinen Augen,

Dachte erst sie würden nichts mehr taugen.

Undurchdringbar, bedrohlich nähern sie sich

Haben ein neues Ziel,

Nicht viel, nur mich.


Es wird finster und fahl,

Hab keine Wahl

Als sie mich langsam umklammern, so kühl

Ganz neu, dieses Gefühl.

Bin umringt von ihnen, sie haben mich
Wollen mich nur für sich.
Sind das letzte was ich seh,
Bevor ich geh.

Die Nebelschwaden.

## Vergangenheit:

Düster ist der Tag,

Bedeckt ist er mit Nebelschwaden

Was nur er vermag,

Zieht sich durch das Tal, wie ein milchiger Faden.


Die Landschaft so karg,

Nicht ein einz'ger Baum.

Ein Schemen der sein Gesicht verbarg,

Ich wünscht es wär ein Traum.


Der Nebel wie ein Schleier fällt,

Die Gestalt nun ein Gesicht erhält.

Die Augen voll Grazie und Eleganz,

Die Stimme voll Anmut


Der Mond verleiht ihr Glanz,

In meinen Adern kocht das Blut.

Ich schrecke auf,

Meine Augen erblicken sie nicht

Erinnerungen steigen in mir hinauf,
Eine Welt die für mich zusammenbricht.
Es war nur ein Traum,
Die Trauer hält sich im Zaum.

Ändern kann ich Vergangenes nicht,
Dies zu akzeptieren ist nun meine Pflicht.
Damit leben kann ich nur schwer,
An der Vergangenheit häng ich zu sehr.

Doch ich denk nicht mehr darüber nach,
Wie ich kann tilgen diese Schmach.

## Verlangen:

Das Sehnen nach dir

Weckt die Gier in mir,

Nur ein Gedanke an dich

Erregt mich innerlich.


Spür deinen heißen Atem auf meiner Haut,

Hörst du nicht mein Herz, wie es schlägt so laut.

Deine Augen zeigen Verlangen,

Deine Arme, eng umschlungen, halten mich gefangen.

Ein Kuss von dir,

Du gehörst mir.


Leidenschaft wie Feuer,

Dein Körper mir so teuer.

Spür nur Lust und Verlangen,

Sehnsucht die niemals vergangen.


Jeder Berührung einer Flamme züngeln gleich

Ich dir bereitwillig Zunder reich

Werd von Lust verbrannt am ganzen Körper mein,

Für diesen Preis, mir gleich, so soll es sein.

Reiß die Kleider von meiner Brust,

Will versinken in der Lust

Will nur dich,

Vergesse mich.

Ist mir egal,

Es ist meine Wahl.


Der Atem stockt leicht,

Doch die Grenze ist lange nicht erreicht.

Rasend ist das Herze mein

Nur noch eins in meinen Gedanken ist:

Ich bin dein

Und mein du bist.

## Mein Engel:

Einst sah ich ein Wesen,

Glaub ein Engel ist's gewesen.

Als ich sie sah, verlor ich mein Herz an sie,

Wollte nicht loslassen, doch lies ich sie gehen

Tage danach noch der Wunsch sie wiederzusehn,

Fürchtete schon er erfülle sich nie.


Nun sah ich sie, weiß ich nicht was mich trieb

Ihr nicht zu sagen, das ich sie lieb,

Hab die Gelegenheit verpasst,

Wie sehr hab ich mich dafür gehasst.


Nachdem ich ihr gesagt,

Was mich geplagt

Hab sie umarm, sie geküsst

Dacht bisher es wär richtig, was ich wüsst

Doch merkte ich,

Ein Blick auf dich,

Meine Gedanken heben ab, kreisen nur um dich.

Eins steht fest: Du bist ein Engel für mich!

## Lust:

Einzig und allein die Kerzen scheinen,
wenn wir uns in Lieb und Lust vereinen.
Spür den heißen Atem auf meiner Brust,
mehr und mehr spüren wir die Lust.

Voll und ganz bin ich dein,
so weiß ich auch: du bist mein.
Du bist meine Sehnsucht, mein Verlangen,
lange nicht ist dieses Gefühl vergangen.

Körper an Körper, Kuss um Kuss,
immer schneller wird des Blutes Fluss.
Schneller schlägt mein Herz,
vergesse allen Schmerz.

Du bist nun meine Welt,
die mich liebt, die mich hält.
In Wallung bringst du mein Blut,
Diese Grenze zu überschreiten, hast du den Mut.

Überquerst diese Schwelle
Wollust überkommt mich wie eine Welle.
Lass mich mitreißen, die Beherrschung ich verlier,
werd ganz anders, ein andres Ich tief in mir.

## Liebe:

Erfahrung bei der Liebe,

Dünger für jene Triebe

Welche im Herzen erblüh'n

Und Glück versprüh'n.

Die stärkste Macht überhaupt,

An die jeder einmal glaubt.

So sagen die Alten,

Sie vermag glühendes Magma zu erkalten,

Reißende Fluten

Sollten sich sputen,

Die Liebe kann sie stoppen,

Nichts kann sie toppen.

Teilen kann sie riesige Meere,

Niederstrecken ganze Heere.

Nichts vermag sie zu schlagen,

Nichts würde einen Kampf wagen.


Also nie in Sache Liebe verzagen,

So pflegen die Herzen uns zu sagen.

## Licht:

Das Licht im Dunkel meines Lebens
Such ich in diesem Land vergebens
Es ist in einem fernen Land
Außerhalb der Reichweite meiner Hand

Meine Augen
Können nichts taugen
Erblicken dich nicht
Bist außerhalb meiner Sicht

Ich werde dich vermissen
Werde die Segel hissen
Überquere alle Meere
Nichts kommt mir in die Quere

Das Licht weist mir den Weg
Den ich für dich mit Rosenblüten ausleg
Die Augen, das Ziel im Sinn, sind blind
Jeder weg ist recht, wenn ich dich am Ende find

Ich gab dir mein Herz es zu verwahren
Doch werde ich wohl nie erfahren
Ob das was ich fühle mit deinem übereinstimmt
Vielleicht sind wir gleich gesinnt

Sicher ist nur das Schicksal bestimmt
Welches Gefühl gewinnt.

## Jeder Gedanke:

Mein Herz, mein Sinn
Ganz dein ich bin.
Hast mich verzaubert, mich geblendet
Mit deiner Schönheit, niemals verendet.

Jeder Gedanke, jedes Gefühl
Die Erinnerung an deine Haut, so kühl.
Kann an nichts anderes mehr denken,
Kann meinen Sinn nicht selber lenken

Denk immer an dich,
Vergess' dabei alles um mich.
Diese Augen, verlier' mich drin
Der Blick zeigt was der Verstand nicht will sagen:

„Auch wenn ich verloren bin,
Mein Herz kann nicht klagen."
Mit deinen Haaren spielt der Wind
Wie betörend ich das find.

So nahmst du mein Herz
Nahmst mir den Schmerz
Gabst mir Liebe und neues Leben
Mehr kann niemand mir je geben.

## Ich vermiss dich:

Ich vermiss dich,

Doch wie kann ich's sagen?


Ich sehne mich nach dir,

Doch fehlen die Worte.


Ich spüre deine Nähe,

Doch wie kann ich's sagen?


Ich vermisse deinen Kuss,


Frag' mich warum ich dich gehen lassen muss.


Ich will dir sagen was du bist für mich,


Endlich kann ich's sagen,


Werde dich auf ewig in meinem Herzen tragen,


Ich liebe dich.

## Glück:

Fröhlichkeit
Macht sich in mir breit.
Alles wirkt so hell,
Jede Farbe leuchtet grell.

Jeder Ton,
Sonst immer nur Hohn,
So frohlockend jetzt
Niemand mehr hetzt.

Ich weiß nicht wieso
Bin heut einfach nur froh.
Alles ist perfekt,
Nichts sich heute neckt.

Nett find ich heut alle Leute,
Auch die nervigen mag ich Heute.
Wer heut mich ärgert, hat schlechte Karten,
Meine Gefühle gehören heut zu den Zarten.

Kann nicht aufhören zu lachen

Freu' mich über alle Sachen.

Der ganzen Freud,

Die ich empfinde heut,


Deren Ursach kann ich nicht finden

Nichts kann mich heut binden.

Nun belass ich's dabei

Und der Tag ist nun vorbei.

## Freiheit:

Frei wie der Wind,
Ein sorgloses Kind.
Den ganzen Tag,
Tu ich nur was ich mag.

Nichts kann mich stoppen
Nichts kann mich halten
Nichts kann mich toppen
Mein Frohsinn kann nicht erkalten.

Ich brech' alle Bande,
Ließ ich mich fangen, welch Schande.
Frei dem Vogel gleich
Die ganze Welt ist mein Reich.

Kann überall hin
Zuhause ich dort bin.
Meine Gedanken sind frei,
Ich zähl Eins, Zwei, Drei

Schon bin ich dort
Kann jederzeit fort.
Ich sag nochmal Eins, Zwei, Drei
Der Traum ist nun leider vorbei.

## Du fehlst mir:

Mein Engel, du fehlst mir
Ich wünschte du wärst hier

Denn bist du bei mir, ist mir alles egal
Von dir getrennt zu sein ist eine Qual

Du fehlst mir, dein Anblick, Stimme und Gesicht,
Das Lächeln, die Augen, funkelndes Haar im Sonnenlicht

Ich kann es kaum glauben, wie lang ist es her
Mit jedem Tag der vergeht bedeutest du mir mehr

Bin wunschlos, bist du bei mir
Bin überglücklich, bist du nur hier

Kann es nicht beschreiben, mir fehlen die Worte
Egal wo ich bin, spür ich deine Nähe an jedem Orte

## Des Feuers Schein:

Die Haare dem Rot des Feuers gleich,
Haut wie Schnee, so bleich
Kühl ist die Hand, die Augen blau wie Eis
Um deine Gefühle ich weiß.

Sitzen wir um des Feuers Glut
Bestärkt mich nun der Mut
Und in der Flammen Schein
Beschreibt schon der Schatten
Unvergesslich die Momente wir hatten,
Wie ich dich mache mein.

Die Erscheinung einer Feuersbrust
Sehnsüchtig erwart ich deine Gunst.
Nach langem zehren
Ich kann mich nicht erwehren,
Dir bin ich ergeben
Du bist mein Leben.

Die Flamme in meinem Herzen,
Doch auch Ursprung der Schmerzen.
Von Liebe und Trauer.
Von Hoffnung und Wut.


Wir werden Ein,
Vergessen das Sein.
Zwei Körper, eine Seele.
Wie sehr ich mich doch quäle.


Eine Tat, ein Wort
Ich gleite hinfort.
Bin hin und weg, nur du
Bist in meinem Herzen, bett ich mich zur Ruh.
Nur du.

## Der Liebe Macht:

Tränen auf den Wangen,
Doch schlecht ists mir nicht ergangen.
Bin nicht arm, hab erreicht was ich wollte,
Doch das Herz so leer, da ich nicht Respekt zollte
Der einz'gen Person in meinem Leben.

Wie hat sich das ergeben?

Doch dann ein Ruf so hell und klar,
Kann's nicht wirklich glauben, ist das wahr?
Ich seh, sie kommt und lacht
Mein Herz wird neu entfacht.
Welch eine Macht.

Vor kurzem, sie mich hat verhöhnt,
Doch jetzt wir sind versöhnt.
Liebe so stark, die stärkste Macht
Nichts hält sie in schach.

Sprengt aller Zellen Ketten,
Bricht aller Käfige Bande.
Ich würd darauf wetten,
Gegen sie zu verliern ist keine Schande.

## Der Himmel voller Sterne:

Der Himmel voller Sterne,
Leuchten in der Ferne
Funkeln wie Diamanten,
Geschliffen ein Meisterwerk zu schaffen
Ohne Ecken, ohne Kanten.

Zu den Waffen.
Blut'ger Kampf um einen Schatz,
Doch solch einer hat keinen Platz
In meinem Herzen, 's ist schon voll.

Nicht jeder Schatz ist aus Silber und Gold,
Besessen von einem, dem ich Respekt zoll,
Einer Frau, so schön, so hold.
Würd' für sie sterben,
Will um sie werben.

„Leicht lässt sich finden, wofür du willst sterben
doch wofür lohnt's am Leben zu bleiben?"
Ihre Worte mich tagelang treiben.

Hab lang gebraucht, doch nun hab ich entschieden.

Ihre Gegenwart, ich bis zu dieser Stund gemieden.


Endlich will ich's ihr sagen,

Was tobt in mir seit unzähl'gen Tagen

Doch meine Worte

Sind von falscher Sorte.

Deshalb schreib ich wie ich's gedacht:


„Du bist's, die mich dazu hat gebracht,

Zu suchen den Sinn meines Lebens.

Die Suche war vergebens,

Doch plötzlich der Fund:

Du bist meines Lebens Grund.

## Der Blick aus dem Fenster:

Ich kann mich nicht beklagen.
Mir geht's gut.
Doch wie ein Loch in meiner Brust,
Spür ich diesen Frust.

Ich lebe frei.
Auch gut versorgt.
Doch etwas fehlt.
Oh wie es mich quält!

Was soll ich tun?
Ich weiß nicht weiter.
Immer wieder schau,
Ich in den Himmel, blau.

Ich suche etwas.
Doch finde es nicht.
Ich weiß nichtmal was genau,
Und immer ist dieser Himmel blau!

Auf einmal wird mir alles klar!
Ich ging in die falsche Richtung.
Die Welt ist groß, ich doch so klein,
Warum soll es nicht so sein?

### Das Portrait:

In den Augen der meisten
seh' ich Argwohn und auch Trauer,
Sie sind mir gar nicht gleich.
Doch sehe ich die in die Augen,
sehe ich den Spiegel meiner Seele.

Würde ich von dir ein Portrait zeichnen,
dann wäre die Leinwand mein Leben,
die Farben wären meine Gefühle.
Die Pinsel würden von meinem Herzen geführt,
und doch wäre es am Ende nur ein normales Bild.

Denn nur du allein bist das Gemälde, das mein Leben zeigt.

Hatte mich zu lang verstellt,
hab mich selbst verloren.
Doch hab ich dich Getroffen,
auch wenn ich's damals nicht gleich wusste,
so warst du mein Leben.

Hab mich in dich verliebt,

doch habe ich mich anfangs nicht getraut.

Du warst mir gleich so vertraut,

mein Herz schlug gar so laut.


Je länger ich dich ansah,

umso mehr wollte ich wieder ich sein.

Ohne Zögern weis ich:

Ich traf dich,

und fand mich.

## Bäume im Wind:

Ich trat aus der Türe
und dachte an nichts.
Der Weg, der mich führte
verlief ohne Ziel.

Mein Blick glitt auf die Seite,
ich nahm die Zügel in die Hand,
als ich dahinreite
sinniere ich über das Land.

Ich sehe Bäume im Wind,
ziehe den Mantel fester,
am See steht ein Kind

Ich sehe viele Leute,
Leid und Unrecht pflastern meinen Weg.
Das Gesicht wird finster und mich reute,
dass ich in diesem Lande leb.

Auf einmal höre ich nen Schrei,
Männer stürmen auf mich ein.
Ich weiß nun ist es vorbei,
Und trete in das Licht hinein.

## Aussichtslos:

Nichts hat einen Sinn,
Wo ist der Mut nur hin
Man sucht einen Zweck
Jede Freude ist weg

Ohne Antrieb oder Ziel
Alles was blieb nicht gefiel
Was vergangen ist war schwer
Wer stand mir bei, Wer

Niemand, wie auch nun
Frag mich, was soll ich tun
Kein Lächeln, kein Lachen
Vermisse alle vergangenen Sachen

Kann nicht länger so dahinschreiten
Muss dem ein Ende bereiten
Weiß nur nicht wie
Entkommen kann ich nie

Alles ist aussichtslos
Vergessen will ich es bloß
Doch kann ich nicht
Trauer umhüllt mein Gesicht

Ich gebe auf
Die Dinge nehmen ihren Lauf
Alles gebrochen was einst geschworen
Es ist zu spät, ich bin verloren.

## Der Tod:

Immer ist er hier solange wir leben

Egal was wir tun es wird ihn immer geben

Er ist an unsrer Seit

Seit beginn der Zeit


Wo das Leben ist

Gibt es eine Frist

Ist sie um die Zeit

Ist der Tod nicht weit


Doch keineswegs böse

Wenn er erlöse

Uns von dem Leiden

An dem andere sich weiden


Wenn wir nur verstehen

Warum diese Dinge geschehen

Dann wirkt er freundlich gar

Da er niemals das Böse war

Geliebte Menschen nimmt er zwar

Doch ist er immerdar

Egal ob Feind oder Freund

Es wird nicht versäumt


Ihn zu holen wenn die Zeit kommt

So nimmt der Tod ihm das Leben prompt

Sieh ihn als Erlösung nicht als Qual

Er kommt so oder so du hast keine Wahl

## Glaube:

Wenn alles schwer erscheint

Wenn Trauer und Schicksal sich vereint

Wenn Sonne und Glück verschollen

Sind und alle wollen


Dass man stark ist und

Tapfer aus einem Grund

Doch dies ist schwer denn

Man fühlt sich immer verloren wenn


Ein Mensch geht der

Geliebt wurde zwar sehr

Dann braucht man halt

Um zu entgehen


Der Trauer Gewalt

Aufrecht zu stehen

Durchs Leben zu gehen

Und loszulassen

Den Tod nicht zu hassen

Zu akzeptieren dass
Er das ist was
Sorgt für des Lebens Sinn
Solang ich am Leben bin

Nicht zu verschwenden
Die Stunden zu verwenden
In der Erinnerung zu leben
**Die uns auf ewig gegeben**

## Käfig:

Eine Stimme ach so lieblich

Ein Lächeln gar so niedlich


Ihre Haare im Wind

Ein Engelskind

Sie taute auf ein kaltes Herz

Ließ mich vergessen all den Schmerz


Sie war mir sehr gewogen

Mein Herz hat nie gelogen

Das Glück sie mir gezeigt

Was Vergangenheit verschweigt


Sie nie zugelassen

Nun verlerne ich zu hassen

Mit dir an meiner Seite

Meinen Lebensweg ich leite


Ich werde niemals vergessen

Wie war ich damals versessen

Hatte nichts und wollt nur eins
Erfüllen den Zwecks meines Seins

Ein Werk zu schaffen einzig nur
Damit die ganze Welt erfuhr
Das ich gewesen das ich war
Mich nicht vergessen gar

Sie riss mich in ihren Bann
Das ich mich des Lebens entsann
Sie ist mein Alles sie mein Ein
Das muss die wahre Liebe sein!

## Entstehung:

Warum ich hier verweilte?

Nun, da es nicht eilte

Was ich zu tun gedenke

Während ich die Feder lenke

Ich schreib was mich bewegt

Ob eine Stimmung die sich regt

Ein Gefühl das mich erzürnt

Eine Welle sich auftürmt

Eine Woge die sich glättet

Ein Ereignis mich rettet

Ganz egal was es ist

Sei es Freundschaft oder Zwist

Finde ich Zeit

Und es ist so weit

Bekommen die Worte Gewicht
Und es entsteht ein Gedicht

## Allein:

Welch Schönheit
Ich mit Leichtigkeit

Bisweilen übersah
Bis es denn geschah

Der Atem mir genommen
Wirkte wohl benommen
Ihr rotes Haar

Gleich dem Abendrot
Das schönste Mädchen sie war

Welch Gelegenheit sich bot
Doch nahm ich sie nicht wahr

Denn fühlte ich die Furcht in
Mir wachsen denn ich bin

Einsam gewesen wie ich es war
Und immerzu wurde klar

Ich war nicht bestimmt allein
Für alle Zeit zu sein

## Die Jagd:

Ich war zu besessen
So hab ich vergessen
Was ich verloren
Doch mir geschworen

Zurückzuholen
Was mir gestohlen
Rache wird mindern die Pein
Der Preis zu nehmen was war mein

Auf der Jagd seit Jahren
So hab ich erfahren
Wer es mir nahm
Und wie es so kam

Es ist die Leidenschaft
Die mir zu schaffen macht
Vernachlässigung der Grund
Das ich sie verlor in jener Stund

Nun hab ich sie wieder
Und singe ihre Lieder
Ich werde sie halten
Nur so kann ich mich entfalten

## Schlaflos:

Wenn der Sonne Schein gegangen

Wenn Mond und Sterne aufgegangen

Wenn ein Jeder sich zur Ruhe legt

Wenn der Mensch zu schlafen pflegt


Das ist die Stunde

In der ich plötzlich erwacht

So ich nun erkunde

Die Wunder der Nacht


Mir ist es nicht gegeben

Ruhe zu finden

Schon mein ganzes Leben

Muss ich mich binden


Kann nicht entkommen

Was das Schicksal hat ersonnen

Ich liege wach und munter

Langsam geht die Sonne unter

Ist es dunkel und kalt

Mein Tag macht keinen halt

Ich bin verflucht zu wachen stundenlang

Bis ich zu dem Punkt gelang


An dem langsam strahlt das Morgenrot

Mühsam schlug ich die Stunden tot

Keinen Ausweg scheint es zu geben

Ich muss weiter damit leben


Das einzige was ich tun kann

Ist das ich die dunklen Gedanken verbann

Mich entsinne der Schönheit

In der Welt weit und breit

## Der Geist:

Ihr könnt mich nicht sehen
doch bin ich da
bin euch so nah

Ihr könnt mich nicht fühlen
doch kann ich euch führen
eure Gegenwart spüren

Ihr könnt mich nicht hören
doch flüstere ich die Worte
öffne euch des Wissens Pforte

Ihr könnt mich nicht sehen
doch kann ich mit euch gehen

Ihr könnt mich nicht fühlen
doch kann ich des Zornes Glut kühlen

Ihr könnt mich nicht hören
und doch kann ich euch zu richt'gem beschwören

## Vertrauen:

Ich saß hier
So viele bei mir
Doch niemand

Mit dem ich verband
Was mir einst wichtig
Was mir nun nichtig

Wenn man bedenkt
Es wurde mir geschenkt
Doch mit meinen Taten

Hab ich verraten
Den der es gab
Es somit verloren hab

Wie kann ich es erlangen?
Bin in Einsamkeit gefangen
Hab alles versucht

Doch hat man mich verflucht
Ist es einmal zerstört
Es einem nie wieder gehört

## Verlust der Tugend:

Ein Mensch war voller Tugend

Doch der Schatten seiner Jugend

Hatte ihn eingeholt

Hatte Böses zurückgeholt

Brachte vielen Leid und Schmerz

Brach so manchen auch das Herz

Er wollte sich wehren

Niemanden den Rücken kehren

Doch war er schwach

Der Verstand nicht wach

Er hatte nicht genug Kraft

War der Schatten zu boshaft

Was er getan war

Unverzeihlich gar

Seine Taten muss er büßen
Wird aus dem Jenseits grüßen

## Das Joch:

Wie ein Krieg ist das Leben

Um zu überleben

Muss man alles geben

Prüfungen muss man bestehen

Höllenqualen muss man durchstehen

Manchmal müssen wir überdenken

In welche Richtung wir das Leben lenken

Manch einer wird uns Glauben schenken

Verrat uns dann ein anderer

Ob sesshaft oder Wanderer

Ein Mensch bleib er doch

Ob er sich befreit oder nicht von seinem Joch

Das ihm auferlegt

Von denen mit Macht

Was uns aufregt

Über das er lacht

## Der Sturm:

Der Himmel sich zusammenzieht

Man nur noch dunkle Wolken sieht

Seit Tagen hier der Regen fällt

Kein einz'ger Strahl das Land erhellt

Der Wind peitscht mir ins Gesicht

Einen Ausweg erkenn ich nicht

Diese Wahrheit erkenn ich bitter

Immer schlimmer tobt das Gewitter

Die Flut sie trägt mich hinfort

An einen weit entfernten Ort

Dort scheint die Sonne so gold

Die Landschaft, alles wirkt so hold

Hier ich mein Leben neu beginn

Glücklich sein ist nun sein Sinn

## Verrat:

Wenn alles verblasst

Das Leben ist gehasst

Er ersehnt den Schein

Um voll Hoffnung zu sein


Hat er ihn gefunden

Die Hoffnung im Geiste gebunden

Wird er erkennen

Viele Chancen sein eigen nennen


Er muss sie nur nutzen

Seinen Verstand benutzen

Muss überdenken

Wem Vertrauen schenken


Wem er nicht Vertraut

Wer sich vielleicht den Weg verbaut

Mit jedem Schritt mehr und mehr

Wird es schwierig zu erkennen wer

Zu ihm steht

Wer ihn verrät

Doch sieht er nur das Gute

Nicht wie das Böse ruhte


Naiv, das Täuschen fällt leicht

Sobald er das Ziel erreicht

Wird man ihm das Leben nehmen

Und verschwinden wie dunkle Schemen

## Verwirrung:

Ich war verwirrt
Hatte mich verirrt
Mir war nicht klar
Wo ich nun war

Ich war allein
Wollte zuhause sein
Es herrschte Dunkelheit
Angst machte sich breit

Ich laufe nach links und rechts
Während langsam die Furcht wächst
Kein Ende ist in Sicht
Das Dunkel ist zu dicht

Dann schwand mir der Mut
Ich ging unter in der Flut
Die Dunkelheit reißt mich fort
Zu einem unbekannten Ort

Es schwinden die Schmerzen

Tief in meinem Herzen

Die Verzweiflung erlischt

Als sich Hoffnung darunter mischt


So bin ich gerettet

Vom Leiden entkettet

So geh ich dahin

Auf die Suche nach dem Sinn

## Fatum:

Ein blut'ger Kampf auf Leben
Und Tod hat es gegeben

Von den Göttern gesannt

Hat er seine Bestimmung erkannt

Auf einer Irrfahrt lange Zeit

Nun ist sein Ziel nicht mehr weit

Allem Unheil ist er entronnen

Hat nun auch den Kampf gewonnen

Seines Feindes Flehen

Gibt ihm verstehen

Er hat die Wahl

Die Entscheidung ist eine Qual

Doch durch blitzend Zeichen

Wird das Zögern weichen

Um den Sieg davonzutragen

Und die Schmach zu tilgen ihn erschlagen

## Sehnsucht:

Eines Tages nun
Nach einer Ewigkeit

Musste ich es tun
Denn ich war das Warten leid

Ich fasste den Entschluss
Das ich zu ihr gehen muss

Alles ließ ich zurück
Ich lief los und hoffte auf Glück

Ich wollte nur wieder bei dir sein
Du bist es ganz allein

Nach der ich mich verzehre
Die ich all die Jahre begehre

Sehnsucht trieb mich voran
Nach langer Zeit komme ich bei dir an

Die Sehnsucht brachte mich zu dir
Das Leben zeigte sich gnädig mir

Das ich dich erblicke ein letztes Mal.

Zwiesplat:


Verlassen und allein

Werd ich immer sein

Werd ich nur betrogen

Werd ich angelogen


Alle Hoffnung ließ ich fahren

Wollte etwas Würde bewahren

So zog ich mich zurück

Allein zu finden mein Glück


Ich war einsam lange Zeit

Das Glück erschien so weit

Eine kurze Zeit der Erfüllung

Dann die Qual der Enthüllung


Wieder war ich zerschlagen

Wie kann ich dies in Zukunft ertragen

Ich verberge mein Sehnen

Werde keinesfalls erwähnen

Wie es mich plagt

Wenn mir jemand sagt

„Es liegt nicht an dir

Doch auf anderen Seiten stehen wir!"


Ich gab dir mein Herz

Du brachtest mir Schmerz

Ich gab dir meinen Willen

Doch konnte er dich nicht stillen


Du verließt mich

Und dennoch liebe ich dich

## Verlassen:

Nicht immer war ich allein

Wollte nicht einsam sein

So suchte ich mir eine

Dachte sonst an keine


Sie war ganz mein

Ich war ganz ihr

Dachte so müsse es sein

Doch sie sagte wir


Wären viel zu verschieden

Hätten nichts gemein

Also bin ich hier geblieben

Und war erneut allein


Von allen erneut verlassen

Versuchte ich sie nicht zu hassen

Ich vergaß mich um zu ertragen

Das alle mich zu verlassen wagen

Ich blieb also einsam

Habe nie mehr erfahren

Wie wir gemeinsam

Nur wir zwei verfahren


Doch nun allein zu verweilen

Zu warten bisweilen

Man sich meiner erbarmt

Und der Schmerz erlahmt

## Der Gelehrte:


Ich traf einst einen Gelehrten

Den so viele damals verehrten

Sein Wissen und sein Intellekt

Der so viele Fragen weckt


Waren mir wohl bekannt

Sodass ich eine Frage an ihn fand

Deren Antwort mir sonnenklar

Doch für ihn unergründlich war;

Was für ein Gefühl ist es, das

Einen Mann vergessen lässt, was

Sein Ziel oder sein Gedanke

Das ihn trifft wie eine riesige Pranke?


Was lässt ihn vergessen Logik und Verstand?

Was ist es, das er sich unmögliches ersann?

Er war so weise und klug

Das er solch Gefühl niemals in seinem Herzen trug


Für ihn gab es nur die Wissenschaft

Doch dafür waren ihm fremd solche Emotionen

Für ihn gab es Impuls und Kraft

Den Gefühle haben ja keine Funktionen


So erkannte er traurig die Wahrheit

Und erkannte auch die Zeit

Die er so unwissend verschwendete

Und sich der Logik zuwendete


Ich lehrte ihn nach Gefühln zu leben

Und er hat mir Weisheit gegeben

## Emotionen:

Ein Kribbeln,
Gleich einem Ziehen
Einem Zerren
Ein dumpfes Pochen
Ein stechender Schmerz
und doch ohne Leid

Die Sehnsucht
Die Leidenschaft
Der Glaube
Das Glück
Die Hoffnung
und doch ohne Erfüllung

Die Verzweiflung
Der Verlust
Die Trauer
Der Verrat
Die Aufopferung
und doch ohne Hass

Daraus besteht unser aller Liebe

Unser aller Erwartungen davon

Unser aller Enttäuschungen

Sind Teil der Gefühle

Die Liebe und die Trauer

Die Hoffnung und die Verzweiflung


Verwandt sind sie alle

Trennen kann man sie nicht

Sie alle sind verknüpft

Doch was wäre Leid ohne Linderung

Was Verzweiflung ohne Hoffnung

Sie sind Ein und nicht allein

## Schleichende Minne:

All dies begann mit einem Sang,
Der führte denn gar feinen Klang.

Er handelte von Liebe fein,
Doch wie so oft es sollt nicht sein.

Ich stand schon viele Tage dort,
Das Heimweh, oh, es ging nicht fort.

Versuchte ich sie zu betören,
Gelang mir nur die Ruh´ zu stören.

Das Mägdlein, sie blieb hart wie Stein,
Sie sollte eines andern sein.

Zu spät ich kam, das Glück war fort,
Bald stand ich ganz alleine dort.

Die Zeit sie lief,
Das Schicksal rief,

So ging ich doch von dannen.

Das Mädchen doch, vergaß ich nie,
Liebt immerdar, auf ewig sie.

Zog in die ferne, weit hinweg,
Erholt´ mich nie von diesem Schreck,
Das Mägdlein, Ach!, sie blieb doch weg.

Doch eines Tages, irgendwann,
Mein Herz mich zu der reise zwang.

Ließ Frau und Kind,
Eilte geschwind,

Hinweg von meinem trauten Heim,
Auch dieses Glück mir nicht sollt sein.

Ging wieder zu dem Mägdelein,
Das doch nicht sollte Frau mir sein.

Wollt einmal sie noch sehen ich,
Verbarg ich schnell mein Angesicht.

Schlich mich in Nacht und Nebel dann,
Zu ihrem Hause still heran.

Bei ihrem Anblick mir dann doch,
Das Herz bis zu den Füßen floss!
Verzaubert ich nur starrte stumm,
Sie drehte sich zu mir herum,

Als sie dann doch noch mir gewahr,
Wie ich da stand, so still und starr,

Ihre Augen weit vor Schreck,
Lief ich aus angst nur eilends weg!

So kehrt ich heim,
Sah endlich ein,

Liebe man nicht findet leicht!
Das Unglück mir nun wirklich reicht!

## Ihr Zauber:

Ihr Haar glänzt so golden

Ihr Lächeln taut das Eis

Ihre Haut, so zart

Ihre Stimme, so lieblich


Ihre ganze Erscheinung

Ein einziges Kunstwerk

Wer ist sie nur? Wer?

So sag mir Schöne:


Wie ist dein Name?

Wo kommst du her?

Was ist dies für ein Zauber,

Der meine Sinne betört?


Welch ein Glanz in ihren Augen?

Welch weiche Züge zeichnen Ihr Gesicht?

Was ist sie nur für Wesen?

Wie bezaubernd sie mir erscheint

Wunderschön und so sanft

Der Wind spielt mit deinen Haaren

So betörend und so unglaublich

Du musst ein Engel sein.

## Heißes Blut

Heißes Blut, junges Blut
zieht rote Spuren in weißem Schnee
jeder Atemzug, jedes keuchen, schwer
befleckt das reine Weiß

Allein geht er zu Boden
Allein kniet er in der Kälte
Ein wilder Husten hat in ergriffen
Seine fängt fängt sein Herzblut

Er sieht sich um, ihm wird gewiss
sein Weg, den er klar vor sich sah
findet nun, trotz den Mühen
trotz dem Willen

ein jähes Ende.

Wollte nur ein letztes Mal
in Ihren Armen liegen,
Sie in seiner Nähe wissen.

Doch dieser Weg,

den sie einst gemeinsam gingen

ist allein doch zu beschwerlich.


So ringt ihn nieder

sein altes Gebrechen

So das er zu Boden geht


Doch ehe er die Augen schließt,

ehe er jegliches Gefühl verliert


Des Dichters blicke zeigen,

dies schwarze Kleid.

Der wohlbekannten Schönheit.


Ergreift die Hand, so kühl

ganz wie früher.

Das letzte was er fühlt

Wärme

Dann Nichts.

## Who I Am

The questions you ask me;

What am I?
I don´t know.

Why am I here?
I don´t know.

Will somebody remember me?
I fear not!

I may not answer who you are,
´cause i barly know who I am.

I may be a devil,
but I don´t look like one.

I may be an angel,
but i ain´t innocent.

I may be just human,
but my doing is more like a demon´s.

My only wish makes me special.

My wish...
...and fear.

To be forgotten by those I hurt,
to be remembered by those I love.

Because I fear to be forgotten,
I make you remember me!

You may decide yourself what I am.

The most of you´ll say
I am kind of all three.

A fallen angel,
a kind devil.

Decide yourself!

For I am nothing of this!!

I know what to call myself
...lonly